dian

贝

bai
Shell

niao
bird

nu
man

~~nan~~

nan
man

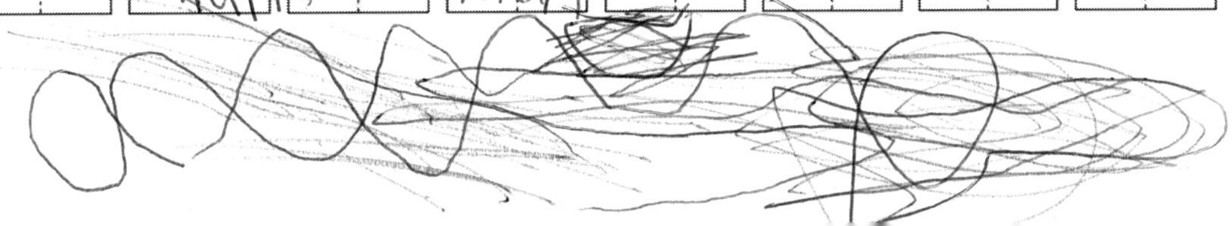

我 我 我 我我我

我 我我我我我我

79760484R00113

Made in the USA
San Bernardino, CA
17 June 2018